AF242806

RÉPUBLIQUE

EMPIRE OU ROYAUTÉ

RÉPUBLIQUE

EMPIRE OU ROYAUTÉ

PAR

C. CAMBIER

PARIS

VICTOR PALMÉ, LIBRAIRE ÉDITEUR

25, RUE DE GRENELLE SAINT-GERMAIN, 25.

—

1871

RÉPUBLIQUE

EMPIRE OU ROYAUTÉ

Les années 1870-71, qui viennent de s'écouler au milieu de si douloureuses péripéties, seront, à coup sûr, l'étonnement de l'histoire. La France, qui jusqu'alors exerçait en Europe une légitime prépondérance et qui remplissait en quelque sorte le rôle d'arbitre des destinées du monde, s'est vue, par les fautes d'un gouvernement aveugle, précipiter violemment du glorieux piédestal sur lequel elle se croyait inébranlable.

Surprise, désarmée, livrée à des ambitieux que l'esprit de parti avait rendus insensés, elle râlait bientôt, réduite à l'impuissance, sous l'étreinte d'un vainqueur impitoyable qui lui arrachait ses trésors et deux provinces, l'honneur de sa couronne. Puis, comme si ce n'était pas assez de la Prusse, il fallait encore qu'une insurrection sans exemple vînt mettre le comble à tant de honte en humiliant la capitale sous le joug d'une inexprimable démagogie.

On eût pu croire alors qu'elle avait épuisé la coupe des douleurs et lassé la colère divine, et qu'un rayon de soleil allait luire enfin sur cet horizon si troublé. Non; une dernière épreuve lui était réservée. Cette épreuve, nous la subissons maintenant et nous en ressentons toute la rigueur, elle consiste à vivre sous un gouvernement transitoire qui n'est ni la république ni la monarchie. — Ce provisoire est un fléau pour notre pays; et tant que le gouvernement n'aura pas revêtu une forme définitive, nous demeurerons atteints d'inertie et de consomption; la confiance, le crédit, c'est-à-dire la vie industrielle et commerciale resteront en suspens. Aussi de toutes parts entendons-nous demander anxieusement une solution. Serons-nous en république, ou la monarchie continuera-t-elle à présider aux destinées d'un peuple qui, selon l'expression de M. Thiers, lui doit dix siècles de grandeur et de prospérité?

Il nous semble qu'une nation aussi éprouvée que la nôtre, mais néanmoins toujours grande, ne doit plus avoir qu'un but : la réhabilitation et la vengeance; qu'une ambition : reconquérir le rang qu'elle occupait dans le monde avant que sa fatale confiance en un homme deux fois honoré de ses suffrages ne l'ait précipitée au fond d'un abîme.

Nous nous proposons de rechercher ici quel est le gouvernement le plus capable de nous conduire à ce but et de défendre la société contre les agissements de l'Internationale, qui menace de renverser le vieil édifice, c'est-à-dire de changer la face du monde.

Si le comte de Bismarck était appelé à se prononcer sur notre sort, on peut être assuré qu'il nous doterait du régime républicain. Cet habile personnage abuserait volontiers à notre détriment du fameux axiome politique : *Divide et regna.* Il sait parfaitement que ce colosse germanique dont il a pu, grâce à la criminelle négligence de l'empire, réunir les membres épars, ne saurait subsister à côté d'une France grande et puissante. Aussi poursuivra-t-il l'anéantissement de notre patrie sans trêve ni relâche; à nous de nous montrer assez sages pour éviter le piége. Car si la république en France a tant de charmes pour M. de Bismarck, si dans toutes les insurrections populaires on trouve des agents prussiens à la solde de cette politique tortueuse, c'est déjà un premier et très-sérieux grief; sachant la république aussi incompatible avec l'ordre que fertile en agitations de toute nature, il espère quelle nous livrera sans défense à sa convoitise, après épuisement de toutes les forces vives de la nation.

Ici se présente une objection, et des républicains sincères nous affirment que l'ordre est parfaitement conciliable avec la république. A l'appui de leur opinion, ils nous citent l'inévitable exemple des États-Unis, dont la prospérité n'est pas contestable. Sans vouloir rechercher si le système républicain n'a pas des inconvénients même en Amérique, nous reconnaissons volontiers que ce gouvernement était, dans le principe, le seul qui pût convenir à un peuple composé d'éléments hétérogènes, fruit de l'émigration, recevant sur son sol inexploité le trop-plein des populations européennes. Ce pays neuf, sans aristocratie et sans ancêtres, devait accepter facilement une constitution mixte qui laissait le champ libre à toutes les ambitions, bien modérées d'ailleurs par l'immense développement qu'offrait à l'activité humaine un sol vierge et fécond où il y avait tout à créer.

Nous ne pouvons prévoir ce que l'avenir réserve à ce peuple dont la formation est unique dans l'histoire; mais il y a lieu de penser qu'une fois la fusion des divers éléments bien opérée, les fortunes établies et l'activité restreinte, il aura besoin de recourir à la forme monarchique.

En admettant encore que la république y ait parfaitement réussi, qu'elle y soit implantée à jamais et qu'elle continue à y maintenir la prospérité, il ne faudrait pas en conclure que le même régime doit convenir à tous les peuples; il est indispensable de tenir compte du passé, des mœurs, des traditions, et il nous paraît quelque peu absurde de dire : « Pour faire une république, prenez une monarchie. »

Or la France est et veut rester monarchique. On

ne renie pas en un jour un glorieux passé qui a dix siècles d'existence, pour se lancer en aveugle dans un inconnu plein de menaces et de périls; et quel que soit notre penchant pour les aventures, il faut convenir que les tristes expériences que nous avons faites jusqu'à ce jour sont bien de nature à mettre un frein à ce goût déréglé.

Mais d'abord, qu'est-ce que la république? Car il y a encore bien des gens qui ne se rendent compte que très-imparfaitement de la signification du mot, et ils ont pour cela de bonnes raisons : la république s'est révélée à eux sous tant de formes, souvent lugubres, parfois bizarres, que la confusion est bien permise en pareil cas.

Nous avons pu voir tout récemment que, pour un grand nombre de citoyens, la république voulait dire : mépris de la loi, abandon du travail, droit au fusil et aux libations copieuses, et aussi besoin de s'insurger périodiquement même contre le gouvernement élu, en un mot, guerre à outrance contre l'ordre et tous les principes fondamentaux de la société ; les républicains de cette trempe ont brouillé l'entendement des citoyens paisibles qui demeurent bien convaincus que république et anarchie sont tout à fait synonymes.

Pour une autre classe de citoyens d'un esprit plus cultivé, mais aussi d'un tempérament plus ambitieux, la république est un marchepied qui leur permet d'escalader toutes les fonctions publiques, depuis les sous-préfectures jusqu'aux ministères, voire même jusqu'à la dictature. A l'abri de ce manteau, ils se livrent impudemment à toutes les fantasmagories, gaspillent les fonds publics, désorganisent les armées, et, tout en faisant sonner haut les grands mots de patriotisme et d'honneur, entraînent leur pays dans l'abîme, sûrs néanmoins d'être applaudis parce qu'ils se disent républicains. Toujours de l'anarchie !

Une troisième catégorie de démocrates rêve l'alliance des peuples fondus dans une république universelle; ces précieux auxiliaires de M. de Bismarck sont aussi les plus dangereux ennemis de la société. Leur doctrine, qui est celle de l'Internationale, est le dissolvant le plus énergique des vertus patriotiques; c'est la négation de la patrie, de la religion et de la famille : les peuples unis dans la fraternité ne doivent s'armer que contre la tyrannie des rois; mais entre eux, point de lutte, et dès lors il est inutile de se préparer au combat. Le programme serait séduisant s'il n'était irréalisable, et il peut plaire à des esprits superficiels; mais une nation abusée et corrompue par ces idées éprouve une décadence morale bientôt suivie d'un affaissement physique qui la rendent fatalement la proie des autres. Et cependant il faut bien convenir que cette doctrine s'était frayé un assez joli chemin dans notre pays lorsque le frère allemand se ruant sur le frère français, l'égorgeant, le pillant et le rançonnant sans merci, il en résulta un échec sensible pour les adeptes de la fraternité des peuples.

Cette théorie singulière devait naturellement éclore dans notre époque si féconde en bizarreries de tout genre ; elle était inconnue des anciens, et les républicains de la Grèce et de Rome, moins avancés que ceux de nos jours, ne connaissaient que la patrie. Aussi, quand elle était menacée, ils accomplissaient pour sa défense des prodiges d'héroïsme et de valeur. Que les temps sont changés !

Il y a entre les individus des sympathies ou des répulsions, des amitiés ou des haines qui produisent des antagonismes ou des alliances ; ces sentiments, parfois tout instinctifs, sont le plus souvent basés sur les intérêts. Eh bien, il en est de même des nations, et les philosophes auront beau faire, leurs creuses rêveries ne changeront rien à un état de choses qui existe depuis le commencement du monde et qui est dans les vues de la Providence ; mais les politiques habiles sauront tirer parti de la démoralisation qu'elles produisent contre les niais qui se seront abreuvés à cette source perfide.

Ces diverses manières de comprendre la république touchent un peu, il est vrai, au domaine de la fantaisie ; mais nous sommes obligés de reconnaître que par cela même elles rencontrent de nombreux adhérents. Il nous reste à examiner quelle interprétation lui donnent les esprits sérieux et convaincus, car il s'en trouve, et à déduire de cette étude les avantages et les inconvénients qu'elle peut présenter.

Aux yeux de ses partisans sincères, la république n'est autre chose que le gouvernement de l'État par la nation entière, en sorte que tout citoyen représente personnellement une fraction infinitésimale, il est vrai, mais enfin une fraction du pouvoir constituant et dirigeant; car, d'après ce système, non-seulement le peuple possède la souveraineté, mais encore il l'exerce par l'intermédiaire de mandataires de son choix, révocables à son gré. On peut voir déjà que la stabilité n'est pas le fond de cette institution; mais les utopistes du parti vont plus loin; ils prétendent que la république est le gouvernement de droit divin et que, semblable à l'arche sainte, sur laquelle il était criminel de porter les mains, on ne saurait sans témérité attaquer son principe, qu'ils mettent au-dessus de toute discussion; c'est-à-dire que, tout en reconnaissant la souveraineté du peuple, ils la limitent à la forme républicaine; d'où il résulte que si le suffrage universel, qui, à tort ou à raison (à tort, croyons-nous, tant qu'il ne sera pas entouré de garanties suffisantes), forme aujourd'hui la base de nos institutions, se déclarait pour la monarchie, ils condamneraient le suffrage universel! Singulière contradiction qui prouve bien dans quelles erreurs peuvent tomber même de bons esprits quand ils abandonnent le terrain solide de la réalité pour le domaine des songes et des chimères !

Ces utopies n'ont rien à voir avec la pratique du gouvernement, et nous nous bornerons à considérer la république en la supposant adoptée par le suffrage universel et fonctionnant sous ses auspices.

Quel merveilleux spectacle que celui d'un peuple libre, maître de ses destinées, et que de fois n'avons-nous pas entendu dire, à l'issue des crises qui renversaient le pouvoir établi : « Est-il rien de préférable à une bonne république ? » Et alors la joie débordait de toutes parts, et les citoyens, surpris de n'avoir pas adopté plus tôt ce modèle des pouvoirs, s'embrassaient avec effusion, au cri mille fois répété de Vive la république ! Comment alors ne pas lui jurer une éternelle fidélité ? Comment ne pas oublier en un instant que pendant dix siècles on a brûlé de l'encens devant la monarchie ?

Par un beau ciel et sur une mer tranquille, le passager suit d'un œil satisfait la marche du navire qui porte sa fortune ; une brise douce enfle ses voiles, et il trace si légèrement son sillon dans les flots qu'on se persuaderait volontiers qu'il se dirige lui-même. Mais bientôt les écueils se dressent menaçants et la tempête gronde dans le lointain. On se souvient alors que tout navire a besoin d'un pilote ; on l'appelle à grands cris ; sans lui le vaisseau va sombrer. La tempête redouble ; vingt pilotes d'aventure s'élancent au gouvernail ; le bâtiment heurte contre un récif, des voies d'eau se déclarent, la confusion devient indescriptible. Bientôt, pour sauver l'équipage, il faut abandonner aux flots la cargaison et les richesses des passagers, heureux si un vent plus favorable pousse enfin vers le port le navire désemparé.

Cette image nous rappelle assez bien les diverses républiques que nous avons eu le malheur d'acclamer jusqu'à ce jour.

Eh! oui, républicains honnêtes et convaincus, la république de vos rêves, nous le reconnaissons volontiers, est l'idéal des gouvernements. Fénelon, dans son *Télémaque*, nous en avait tracé une esquisse attrayante bien capable de nous faire envier le sort des habitants de Salente. Mais quelle chute de l'idéal à la réalité! L'idéal suppose une perfection bien éloignée de la nature humaine, et vous n'avez oublié qu'un point : c'est de mettre votre système en harmonie avec les mœurs et le tempérament du peuple auquel vous voulez l'appliquer.

Vous vous adressez à une nation qu'une monarchie dix fois séculaire a faite grande et honorée, et vous lui dites : « Les institutions dont nous venons vous doter sont de beaucoup supérieures à celles que vous aviez la faiblesse de respecter jusqu'à ce jour ; vous vous traîniez dans l'ornière de la servitude ; désormais vous serez un peuple libre et souverain. » Malgré les séductions de ce programme, bon nombre de citoyens, habitués à un régime sous lequel ont vécu leurs aïeux, et ne comprenant pas bien pourquoi ils brûleraient ce qu'ils ont adoré jusqu'à ce jour, entrevoyant d'ailleurs dans l'avenir la dictature, c'est-à-dire l'absolutisme sans contrôle, suite ordinaire des républiques en France, repoussent énergiquement un présent si funeste; mais le mot magique a été prononcé, et la tourbe des ambitieux, des déclassés, des ennemis de l'ordre et du travail acclament la république; le pays se trouve partagé en deux camps, et, pour premier résultat, vous avez semé la discorde.

L'histoire romaine nous apprend que tous les ans, à une époque déterminée, les maîtres du monde abdiquaient leur autorité et se rendaient esclaves; ces fêtes, que l'on appelait les saturnales et qui avaient sans doute pour but de rappeler aux puissants de la terre les fréquents retours des choses d'ici-bas, duraient trois jours, pendant lesquels les véritables esclaves usaient largement de leur pouvoir éphémère; mais, la fête expirée, ils reprenaient sans murmures les chaînes de la servitude. En France, nous avons aussi des saturnales périodiques, et c'est toujours la proclamation de la république qui en est le signal; mais elles sont généralement sanglantes. Pour renverser le gouvernement établi, on persuade au peuple qu'il est opprimé et qu'il gémit dans les fers; la presse démagogique souffle la colère dans son âme et le flatte par la perspective de la souveraineté, qui, pour lui, signifie liberté sans limite. Bientôt l'explosion se produit, et il se révolte alors non-seulement contre le pouvoir, mais aussi contre la société tout entière, qu'il rend complice de ce prétendu esclavage que vous lui avez dépeint sous de si noires couleurs. C'est alors que vous vous apercevez, mais trop tard, des terribles conséquences de cet appel aux passions; vous avez déchaîné une bête féroce qui vous dévorera vous-mêmes, et l'histoire n'enregistre qu'avec stupeur les atrocités sans nom de ces orgies populaires.

Notez qu'il est logique ce peuple : vous lui avez dit que seul il est souverain absolu ; il le croit et il devient despote ; il use de son pouvoir pour la satisfaction de ses instincts et de ses passions, n'ayant pour les combattre ni la religion, que vous lui avez enlevée en la traitant d'auxiliaire du despotisme, ni la philosophie, qui vous tient lieu de religion; et c'est ainsi que l'on peut aboutir à la commune, la plus hideuse et la plus humiliante expression de la démagogie!

La discorde est donc devenue de l'anarchie, et c'est alors que les hommes d'ordre, ceux qui ont des intérêts à défendre, des familles à protéger, voyant le gouffre s'entr'ouvrir béant sous leurs pieds, appellent à grands cris un sauveur. Il ne manque pas de citoyens, en France, assez peu modestes pour se croire appelés à sauver leur pays, et pour peu que vous ayez quelque notoriété de bon ou de mauvais aloi, vous pouvez aspirer à la dictature, qu'un coup d'État transformera en empire, si ce nom vous est plus agréable.

Et vous aurez beau faire, républicains honnêtes et convaincus, le gouvernement de vos rêves aboutira toujours fatalement à l'un de ces deux termes extrêmes, la commune ou la dictature, résultantes logiques du milieu dans lequel nous vivons. Car, à l'état de calme, notre société ressemble à un lac dont l'eau paraît pure et tranquille; l'œil est charmé de cette limpidité; mais qu'il ne vous prenne pas fantaisie d'y jeter la sonde, vous y découvririez une fange dont vous ne soupçonniez pas la profondeur; et si, par malheur, vous portez le trouble et l'agitation dans ces bas-fonds, de longtemps le lac ne retrouvera sa fraîcheur et sa sérénité.

Avant donc de vouloir nous implanter une république idéale, il serait bon de se demander si elle convient au tempérament du pays, car toutes les plantes ne prospèrent pas sur le même terrain : en se livrant à cette étude on se persuaderait bientôt qu'avant d'obtenir une eau qui ne soit plus susceptible d'être troublée, il faudra draguer longtemps encore; c'est-à-dire qu'il ne suffit pas au législateur de faire des lois, il faut avant tout former des mœurs qui habituent à respecter les lois, et bien myope serait le politique qui ne s'apercevrait pas que c'est précisément le contraire qui a lieu.

A tous ces motifs qui nous imposent le devoir de repousser pour notre pays cette forme de gouver-

2.

nement, nous en ajouterons un dernier qui, au point de vue pratique, a une grande importance. Une république française au milieu d'une Europe monarchique est une véritable monstruosité, une menace aussi pour les trônes des souverains; c'est assez dire qu'au jour du péril nous chercherions en vain les alliances utiles à nos revendications; loin de nous prêter le concours de leurs armes ou de leurs sympathies, nous verrions les rois applaudir à nos défaites et se liguer contre un pays qui aurait arboré l'étendard de la révolution.

Il serait superflu de pousser plus loin cette étude; le triste recueil de nos révolutions en est une preuve trop convaincante. Toutes les fois que la France a endossé cette robe de Nessus, elle est devenue la proie d'agitations et de désastres qui l'eussent conduite à sa ruine complète, si la Providence, qui ne la châtie aussi sévèrement que parce qu'elle lui réserve sans doute encore de grandes destinées, n'avait veillé à son salut.

Nous croyons avoir démontré qu'il est impossible d'être à la fois Français et républicain; demander la république, c'est provoquer l'abaissement de la France; le patriotisme nous impose la monarchie.

La monarchie, soit, direz-vous; mais laquelle? car deux partis sont en présence, l'empire et la royauté.

EMPIRE

Issu de la dictature, l'empire, au point de vue des principes, est condamné par son origine; il l'est bien plus encore par sa fin déplorable. Trois causes avaient concouru à son établissement : le dégoût de la révolution, les glorieux souvenirs du premier empire, et enfin l'audace du coup d'État. La république de 1848, ainsi que celle de 93, avait fini par lasser les hommes d'ordre et même la nation tout entière, dont la puissante vitalité se trouvait comme frappée de paralysie, tant il est vrai que ce gouvernement ne peut pas jeter de racines sur notre sol. Le singulier Machiavel auquel une série de conspirations fantastiques avait donné une notoriété suffisante pour l'amener à la présidence, avait le doigt sur le pouls du malade, guettant l'occasion favorable. Il la trouva au 2 décembre, et tels étaient alors la lassitude et l'énervement de la nation, que huit millions de suffrages applaudissaient à cet escamotage et nous dotaient ainsi du second empire.

Il est vrai de dire qu'à cette époque le nom des Bonaparte n'avait rien perdu de son prestige. Malgré les fautes de ses dernières années, l'héritage que Napoléon Ier léguait à ses descendants était resté grand de cette gloire militaire si chère aux cœurs français, et la fin de cet homme extraordinaire, victime de la haine des puissances coalisées, était en quelque sorte un remords pour la France; il y avait là comme une injustice à réparer, et le second empire, reflet du premier, bénéficia de la légende napoléonienne qu'il devait tuer à tout jamais.

C'est ainsi que lui furent confiés les destins de la France; héritier d'un nom fait de gloire et de génie, on espérait qu'il tiendrait haut le drapeau remis entre ses mains; il ne pouvait être dégénéré, car vit-on jamais le hibou éclore dans le nid de l'aigle?

Quelle déception et quelle bizarre politique que celle de Napoléon III! On peut la caractériser en peu de mots : au dehors il créa l'unité des ennemis de la France; à l'intérieur il favorisa le socialisme et divisa la société. Après avoir unifié l'Italie, qui s'est depuis illustrée par son ingratitude, son penchant pour l'unité des peuples étrangers devint une passion véritable; il permit à la Prusse d'englober une partie de l'honnête et loyal Danemark, puis d'écraser, à Sadowa, l'Autriche, sa rivale en Allemagne. A l'égoïste Angleterre il sacrifia l'alliance de la Russie, notre alliée naturelle, nous dirions presque nécessaire en Europe, et, malgré les succès, les guerres qu'il a entreprises sont devenues fatales à la grandeur de la France, tout en élevant sa dette à des proportions jusqu'alors inconnues.

Les esprits mal équilibrés qui rêvent le rétablissement de la dynastie napoléonienne nous parlent sans cesse des plébiscites qui, à deux reprises différentes, ont consacré l'empire ; mais, en même temps qu'ils oublient la mobilité du suffrage universel, qui peut bien renverser aujourd'hui l'idole qu'il adorait hier, ils cherchent à nous faire illusion sur les véritables motifs de ces votes, et à nous persuader qu'ils découlaient tout naturellement de l'admiration et de la reconnaissance des électeurs. Or ce qui était possible en 1852 ne l'était plus en 1870, car l'aigle avait déjà bien perdu de son prestige. — Mais tandis que la politique extérieure fortifiait nos ennemis du dehors, des calculs tout machiavéliques introduisait le chaos à l'intérieur : d'abord la loi sur les coalitions, qui jetait dans l'industrie des perturbations fréquentes ; puis les lois autorisant la licence de la presse et le droit de réunion venaient porter la terreur dans l'âme des gens sensés, mais naïfs, qui ne comprenaient pas bien que l'on pût, de gaieté de cœur, déchaîner l'hydre démagogique ; et pourtant le calcul était simple :

La fortune territoriale et immobilière se trouve partagée entre un grand nombre d'électeurs, tous intéressés à l'ordre ; le régime impérial, favorisant tous les agiotages, avait fait éclore une quantité de combinaisons industrielles de toute nature, et ses nombreux emprunts avaient aussi absorbé une grande partie de la richesse nationale, en sorte que la masse de la population se trouvait rivée à l'empire par le nœud tout-puissant des intérêts qui ne pouvaient prospérer ou se maintenir que par l'ordre ; et Napoléon III pouvait dire, comme autre fois Louis XIV de l'État : « La fortune publique, c'est moi ! » Aussi, quand le gouvernement vint poser à la nation le redoutable problème du plébiscite, plus de sept millions de voix répondirent à son appel. Et n'en soyons pas surpris : qui eût osé affronter alors les conséquences du renversement de l'empire, en présence des menaces de la révolution et du socialisme dont les clubs nous faisaient pressentir les dangereux excès ?

Supposez que vous soyez atteint d'une maladie sérieuse qui menace votre existence ; vous vous êtes confié à un médecin qui doit opérer la guérison et conserver le précieux dépôt de votre santé ; vous vous apercevez cependant que le mal fait des progrès, et vous vous effrayez des expériences que le docteur tente sur votre corps affaibli; mais cependant il connaît votre tempérament, et vous ne pourriez d'ailleurs le remplacer que par un empirique qui a la réputation de perdre tous ses clients; si vous abandonnez votre médecin, la mort est à la porte, prête à saisir sa proie; c'est alors qu'il vient vous dire mielleusement : « Désirez-vous que je vous continue mes soins, ou préféreriez-vous confier votre santé à mon confrère? » La question ainsi posée serait vite résolue. Eh bien, là est tout le secret de ce plébiscite fameux dans les annales du suffrage universel, et tout cela nous démontre bien à quelles subtilités ténébreuses sont obligés de recourir les gouvernements qui ont pour origine la violence et qui ne reposent pas sur l'affection des peuples. A quels dangers n'exposent-ils pas la société en soulevant toutes les passions mauvaises qu'elle renferme dans son sein, au lieu de les réprimer énergiquement? Les ruines encore fumantes de Paris se dressent devant nous pour notre instruction !

Pendant ce temps, le comte de Bismarck poursuivait son œuvre, applaudissant à la politique impériale; mais la France avait vu avec un profond mécontentement l'agrandissement de la puissance prussienne après Sadowa. Napoléon III avait enfin compris l'énormité de la faute commise : une collision entre les deux peuples était inévitable, et en dehors des sentiments de haine qui ont toujours

divisé ces nationalités, elle était dans la logique de
la politique prussienne, qui avait besoin, pour as-
surer solidement ses conquêtes, de l'anéantissement
de la France. On sentait instinctivement que le
choc serait terrible; il devait être l'affaire capitale
du siècle, une question de vie ou de mort pour les
nations en présence. Aussi pensait-on généralement
que tout était préparé pour cette formidable partie,
et les initiés dans la politique flattaient l'amour-
propre national en prédisant à l'Allemagne des
revers qui mettraient fin à sa dangereuse ambition;
la France seule pouvait arrêter le torrent et lui
dire : « Tu n'iras pas plus loin! »

La Prusse était en mesure depuis longtemps.
Prêt à lancer deux millions d'hommes sur notre
territoire, le ministre du roi Guillaume entassait
encore armements sur armements, tant était grand
le prestige de la France, et, si bien informé qu'il
fût, il ne pouvait croire à tant d'ineptie. Bientôt
pourtant, jugeant le moment favorable, il soulevait
la ridicule question de la candidature d'un Ho-
henzollern au trône d'Espagne, et le duc de Gram-
mont faisait à la tribune une déclaration qui ne
manquait pas de fierté, il est vrai, mais qui n'était
guère d'accord avec la situation de nos armes. Le
sentiment national se prononçait ardemment pour
la guerre, et tous les efforts de la diplomatie de-
vaient rester infructueux; car il n'est pas exact de
dire, ainsi que l'a fait un ministre de la république,

que la France n'a pas voulu la guerre. La France l'a
voulue et la veut encore, et en cela elle était d'accord avec M. de Bismarck, qui la désirait bien da-
vantage. Mais qui aurait pu croire que l'on serait
si peu préparé? Il fallait avoir le courage de résis-
ter aux entraînements et la sagesse d'ajourner cette
redoutable échéance en face du piége grossier que
nous tendait la Prusse ; mais sans doute la chute
de l'empire était résolue; il devait s'écrouler sous
une série de fautes impardonnables.

A la suite du mâle et fier langage de notre ministre des affaires étrangères, voyant l'élu du suffrage universel impuissant à maîtriser les colères
longtemps contenues de la nation, et lancé sur une
pente où il ne pourrait plus s'arrêter, le comte de
Bismarck fit une concession et retira le *casus belli*,
c'est-à-dire la candidature du prince de Hohenzol-
lern, nous donnant le tort, aux yeux de l'Europe,
d'avoir voulu quand même une guerre qui n'avait
plus d'objet.

Après avoir si souvent combattu, avec plus de
gloire que de profit, pour des peuples alliés, la
France était appelée à tirer l'épée pour sa propre
défense; et quels efforts n'était-on pas en droit
d'attendre d'un gouvernement qui s'embarquait le
cœur léger en si périlleuse aventure? Bientôt l'o-
rage éclata, et nos premiers revers furent des coups
de foudre. L'idole fut brusquement renversée de
son piédestal populaire. Grandes furent la stupeur

de l'Europe et la consternation de la France à la nouvelle de nos défaites. Voilà donc cette nation si longtemps l'arbitre des destinées du monde, si orgueilleuse de ses succès passés! qu'est devenu ce géant dont le nom seul était un épouvantail pour l'Europe? Colosse aux pieds d'argile, un souffle l'a renversé, et son Waterloo a été un Sedan! Un peuple, le premier du monde malgré tout, vous confie son avenir et vous donne la mission de veiller avec un soin jaloux sur une gloire que les siècles ont consacrée; il remet entre vos mains son honneur et ses trésors, et, mandataire infidèle, vous les avez gaspillés en traînant dans la boue son glorieux drapeau. Votre impéritie a humilié aux yeux du monde une nation qu'il s'était habitué à respecter et à craindre; vous nous avez forcés à courber devant nos rivaux d'autrefois, nos maîtres aujourd'hui, un front que nous avions le droit de porter haut et fier; vous nous avez abaissés au point que l'on a pu nous comparer aux Grecs du Bas-Empire! Et vous oseriez encore prétendre à nous gouverner! vous pourriez espérer ressaisir ce sceptre brisé entre vos mains indignes! Mais à quel degré d'abjection sommes-nous donc descendus, et avons-nous perdu à ce point les notions d'honneur et de justice qu'il puisse se trouver encore parmi nous des hommes qui osent demander votre rétablissement?

Ces hommes ne sont pas seulement des niais ou des fous; ce sont des traîtres à la patrie! Sans doute

le comte de Bismarck serait heureux de votre restauration, car ce serait le plus sanglant soufflet
qu'il puisse appliquer sur la joue meurtrie de la
France. Et, en vérité, si jamais pareil retour était
possible, il faudrait désespérer de son salut ; un
peuple qui n'a plus le sentiment de sa dignité est
irrévocablement voué à la mort ; en vain vous essayeriez de galvaniser son cadavre !

Il n'est ni bon ni juste de n'être que le courtisan
du succès ; car la fortune ne couronne pas toujours
les efforts, si intelligents et si énergiques qu'ils
soient ; mais la négligence et l'impéritie, qui sont
des fautes chez les particuliers, deviennent un
crime capital chez l'homme sur lequel repose le
sort d'un grand État. Plus que toute autre nation,
la France, mêlée à tous les événements qui ont tour
à tour agité l'Europe, a éprouvé des revers ; mais
sa gloire et son honneur en sont toujours sortis intacts ; il appartenait au second empire de l'humilier
aux yeux du monde !

Fatiguée des orages de la république de 1848, et
la considérant comme une marâtre avec laquelle
elle ne pouvait plus vivre, la France, jeune et belle,
parée de tous les dons de la nature et de la richesse,
avait fini par consentir à l'union que voulait lui
imposer l'héritier du nom des Bonaparte. Elle espérait trouver en lui un défenseur de ses droits, de
sa fortune et de son honneur, un protecteur contre
la convoitise de l'étranger. Elle s'aperçut bientôt

qu'elle s'était alliée à un vampire qui, non content d'avoir gaspillé ses trésors et divisé ses enfants, l'abandonna un jour, abattue et ruinée, à la brutalité des hordes barbares. — Oserait-il donc encore protester contre le divorce que nous lui imposons? Une femme peut excuser un homme de l'avoir ruinée ; elle ne lui pardonnera jamais de l'avoir avilie.

Non, vous ne reviendrez pas; vous serez impossible tant qu'il battra un cœur français sur le sol de la patrie !

ROYAUTÉ

La France doit donc nécessairement revenir à la royauté, que pour son malheur elle avait rejetée un instant. Ce n'est qu'en nous groupant autour d'elle, en l'encourageant de nos sympathies et de nos dévouements, que nous pourrons sortir du gouffre où nous a plongés notre esprit d'aventures. Quand on considère les prodigieuses ressources de la France, la richesse de son sol, les qualités de ses enfants si bien doués entre tous les peuples, on se sent pris d'un immense regret, et l'on songe avec amertume à ce que nous aurions pu devenir si, avec tant de qualités brillantes, la Providence ne nous avait donné la dangereuse compensation d'un esprit mobile à l'excès et toujours ouvert à la séduction de théories soi-disant nouvelles, qui nous rendent constamment dupes des rêveurs et des ambitieux.

Mais nous nous entendons traiter de réactionnaire, et il devient temps d'expliquer ce que nous entendons par la royauté.

Quand on parle de royauté, il est de bon goût, dans une certaine classe d'écrivains, de remonter au moyen âge et de murmurer à l'oreille du lecteur effrayé les mots magiques d'inquisition, dîmes, corvées, droit du seigneur, droit divin, etc., et on écrase de suite le raisonnement sous ce défilé des mœurs d'une époque qui n'est plus la nôtre. C'est là de l'ignorance ou de la mauvaise foi; mais comme ce langage trouve toujours de l'écho auprès de démocrates moins instruits qu'exaltés, on ne court aucun risque à en user, et d'ailleurs un écrivain qui aspire aux faveurs populaires ne doit pas procéder autrement. Quant à nous, notre œuvre étant toute désintéressée, nous n'éprouvons aucun embarras à exprimer purement et simplement notre pensée.

Non, la royauté n'est pas de droit divin, en ce sens que Dieu n'a pas donné à une famille privilégiée le droit exclusif de régner sur une nation; selon l'expression d'Homère, les rois sont les pasteurs des peuples; mais la race humaine n'est cependant pas non plus un troupeau d'êtres inconscients que le premier berger venu peut diriger à son gré, et nous croyons qu'un peuple qui veut se régénérer doit remonter aux principes et se ranger sous la bannière de l'héritier des rois dont le sort

a toujours été lié à la bonne comme à la mauvaise
fortune de la France, et c'est à ce titre qu'Henri V,
entouré des princes d'Orléans, ses successeurs lé-
gitimes, s'offre tout naturellement à nos suffrages
avec la garantie d'un passé tout d'honneur et de
vertu. Nous ne sommes pas dans le secret des
dieux, et nous ignorons si la fusion dont on a
parlé entre les deux branches appelées à régner
est un mythe ou une réalité ; mais s'il nous était
permis de donner notre humble avis aux princes
d'Orléans, nous leur dirions : « Nés sur les mar-
ches du trône, vous nous devez l'exemple du respect au principe d'autorité et d'hérédité ; vous
devez être les premiers à saluer Henri V ; le salut
de la France est à ce prix ! Vous réunirez ainsi
dans un même camp tous les hommes d'ordre qui
veulent le progrès par le respect des lois et l'amé-
lioration des mœurs ; sinon ils resteront divisés,
impuissants à contenir le torrent révolutionnaire.
Vous êtes trop Français pour ne pas vouloir aussi
la grandeur de la patrie ! »

Hâtons-nous de le dire, dans notre pensée, ce
n'est pas d'une royauté absolue qu'il s'agit. Le
gouvernement personnel a fait son temps, et en
fait de despotisme on ne doit plus guère redouter
aujourd'hui que celui des masses quand elles se-
couent le joug du devoir et du travail. L'expérience
nous a toujours démontré que la liberté, telle
qu'elles la comprennent alors, n'est que l'asservis-

sement de ceux qui ne partagent pas leur opinion. Une royauté constitutionnelle en harmonie avec le génie de la nation réaliserait tous nos vœux par un système où se trouveraient convenablement équilibrés les droits du peuple et ceux du souverain. Ce régime fonctionne avec avantage en Angleterre et en Belgique, où ne se produisent jamais ces terribles secousses qui, en France, viennent périodiquement ébranler nos institutions.

Le régime constitutionnel est certainement l'avenir des monarchies dans le monde; le pouvoir du roi y est limité, il est vrai, et il n'en est, par cela même, que plus stable. On a dit avec raison que les grands hommes font les grands peuples; mais, outre qu'il n'est pas toujours possible d'asseoir un génie sur le trône, l'histoire nous enseigne que les grands hommes ont généralement légué à leurs descendants des situations impossibles à soutenir.

La royauté telle que nous la comprenons est une royauté démocratique; le roi y est le dépositaire des droits du peuple; il gouverne en son nom avec l'aide de ministres responsables, émanant d'une chambre issue de la nation. L'hérédité mettra la société à l'abri des craintes et des dangers que pourrait causer la mort du souverain, et les ambitieux qui, sous la république, pouvaient rêver la dictature, n'auront plus qu'à faire tourner au profit du pays les facultés et les talents dont la nature les aura doués.

C'est donc en vain que l'on ferait défiler devant nos yeux le ridicule cortége des droits féodaux. Les hommes qui ressuscitent au profit de leur parti ce fantôme d'un autre âge, doivent bien rire en eux-mêmes, car ils ne sont pas assez ignorants pour croire à ce qu'ils avancent; ils savent parfaitement que ce qui pouvait être toléré à une époque ne saurait convenir à une autre, et que les évolutions des siècles amènent des changements et des progrès auxquels gouvernants et gouvernés sont obligés de se soumettre. Discuter ces niaiseries, c'est leur faire, à coup sûr, beaucoup d'honneur; mais il ne faut pas oublier qu'elles trouvent toujours de l'é-cho, surtout dans les campagnes.

Non, la royauté ne nous ramènera ni au despotisme ni à la féodalité; mais elle aura pour mission de soutenir la religion et la morale, les sentiments du devoir et de la famille, l'habitude du respect de l'autorité et de la propriété. Aveugle qui ne voit pas que la lutte est ouverte entre le christianisme, sur lequel sont échafaudées les sociétés, et l'Internationale, spectre redoutable qui, si jamais on lui permet de prendre un corps, dévorera tout l'édifice!

Enfin la royauté relèvera la France des humiliations de l'empire, humiliations telles qu'elles rendent nécessaire une guerre prochaine avec l'Alle-

magne; des esprits sages aiment à se persuader
que le roi acclamé par le peuple français pourrait
obtenir, sans effusion de sang, avec l'aide de l'Europe, la restitution des provinces arrachées à son
empire; s'il est bon quelquefois de se faire illusion,
pour qui connaît l'appétit et la rapacité germa-
niques, c'est là une hypothèse peu susceptible de
se transformer en réalité : le vautour ne lâche pas
aisément la proie qu'il étreint dans ses serres, et
d'ailleurs ce serait une réparation insuffisante.
Vaincue par les armes, la France doit à son honneur de se relever par les armes !

La situation que nous a faite le honteux, mais
inévitable traité de paix qui a mis fin à nos tor-
tures, est une situation réellement impossible : sans
frontières, la France est ouverte à toutes les fan-
taisies de son ennemi, qui peut être en huit jours
aux portes de sa capitale; déjà il ne nous considère plus que comme une victime réservée à son
ambition. La royauté sera donc obligée de combattre pour notre honneur et notre sécurité; mais
alors Metz et Strasbourg ne seront plus des frontières suffisantes; deux fois souillée par les barbares, deux fois agonisante sous leurs brutalités,
la France réclamera la ligne du Rhin, indispensable à son indépendance, et c'est alors que l'on
verra la puissance et l'énergie d'un peuple comme
le nôtre uni sous un même drapeau.

Surprenant, enchaîné dans son domaine par un

dominateur aveugle, le lion jusqu'alors redouté, l'ours germanique a pu pénétrer sur son territoire et y porter la dévastation et la mort. Il a pu, abusant de la faiblesse momentanée de son rival, lui arracher les griffes et lui limer les dents, croyant le réduire à l'impuissance, et il a donné en pâture à ses oursons tous les trésors accumulés dans le repaire de son ennemi ; mais un jour viendra où le lion, rendu à la lumière et à la liberté, terrassera à son tour son lâche agresseur et savourera les douceurs de la vengeance. — Car c'est en vain que le comte de Bismarck croit avoir à jamais anéanti la France ; c'est en vain qu'au nom de ses faciles triomphes il a pu, tout en lui enlevant deux provinces fidèles, lui imposer une contribution de guerre dont le chiffre fantastique dépasse peut-être toutes les indemnités payées depuis le commencement des siècles ; c'est en vain que sa soldatesque éhontée a pu piller et rançonner les contrées qu'elle a souillées de sa domination ; le jour où les Français, unis dans une même pensée de régénération et de revanche, se grouperont autour du roi, la Prusse aura vécu, et sa chute assurera notre repos et celui de l'Europe.

Pour atteindre ce but, il ne nous manque que la concorde ; riche de tous les dons naturels, la France n'est affaiblie que par ses divisions. Aussi nous adressons-nous à tous les cœurs français vraiment dignes de ce nom, à tous ceux qui sont encore jaloux de la grandeur et de la gloire de leur pays, pour lesquels le patriotisme n'est pas un vain mot, et nous leur disons : « Seule la royauté peut organiser les forces de la France, réparer nos désastres et préparer la revanche due à notre génération surprise, écrasée, mais non vaincue; seule elle peut triompher de l'Internationale et asseoir sur des bases solides notre société ébranlée; c'est donc un devoir impérieux pour tous les hommes de cœur de l'appeler de leurs vœux et de leurs suffrages, et de s'écrier avec nous : *Vive la France! et vive le roi!!* »

PARIS. — E. DE SOYE ET FILS, IMPR., PL. DU PANTHÉON, 5.

* 9 7 8 2 0 1 2 9 7 5 6 6 8 *